RODRIGO RIERA

ALBUM PARA GUITARRA

CANCION CAROREÑA
CHORO
DANZA A MARACAIBO
ELORAC
MERENGUE VENEZOLANO
NANA
SERENATA INGENUA
PRELUDIO CRIOLLO

UNION MUSICAL EDICIONES S.L.

CANCION CAROREÑA

Rodrigo Riera

Lento

Bien cantada la melodía

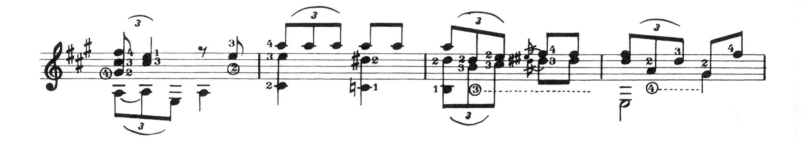

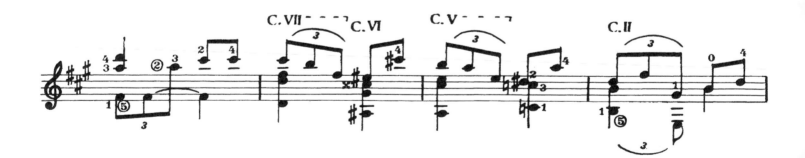

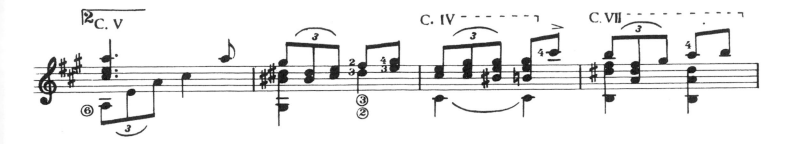

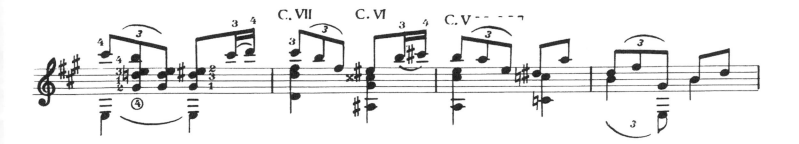

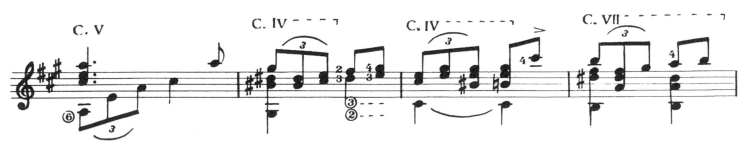

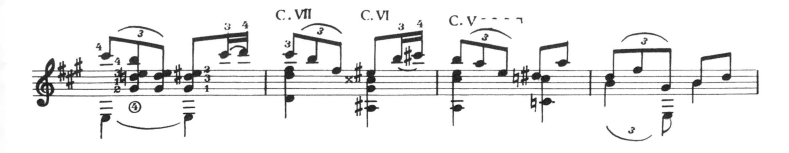

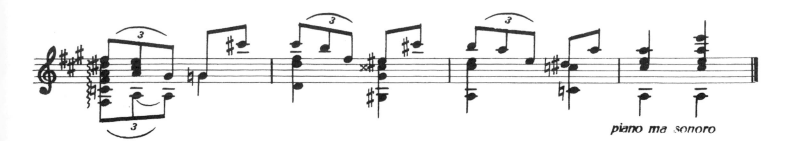

piano ma sonoro

CHORO

Rodrigo Riera

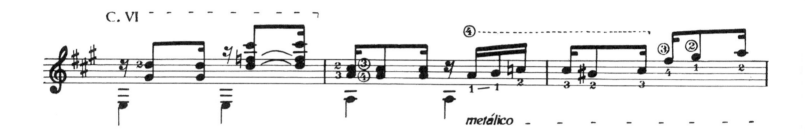

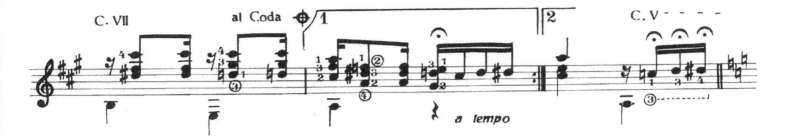

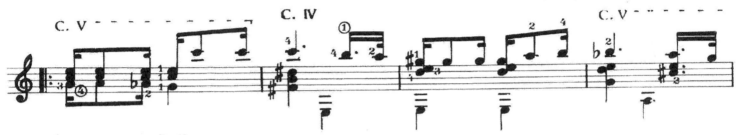

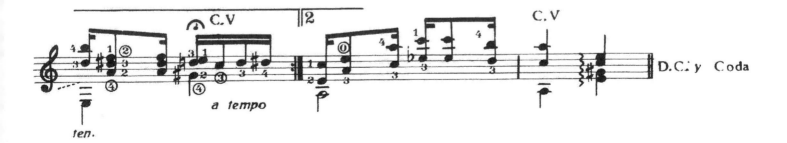

DANZA A MARACAIBO

Rodrigo Riera

con gracia y cantando

A Carole Warner

ELORAC

Rodrigo Riera

Bien cantada la melodía

Sosteniendo el tiempo

Più mosso

Rápido y Metálico

rit.

Sosteniendo el tiempo   ff   a tempo

Lento con ternura   pp   Metálico ff
junto al puente.

MERENGUE VENEZOLANO

Rodrigo Riera

NANA

CANCION

Rodrigo Riera

Bien cantada la parte melodica

SERENATA INGENUA

Rodrigo Riera

Lento *expres.*

bien cantada la melodia

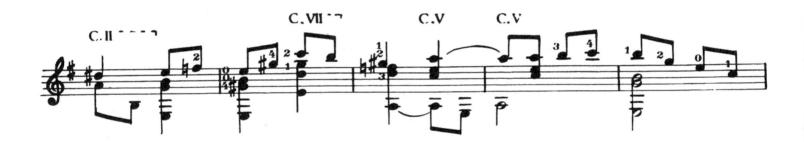

allarzando

A mi maestro Raul Borges

PRELUDIO CRIOLLO

Rodrigo Riera

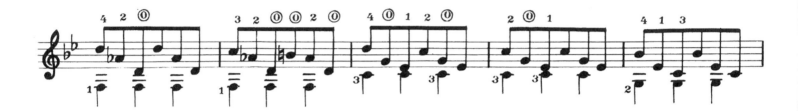

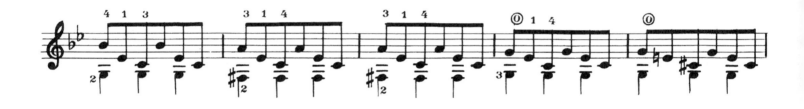

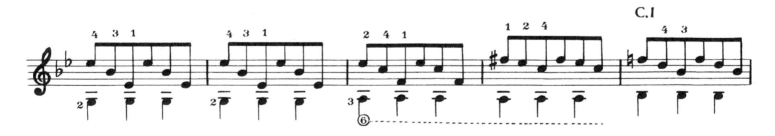

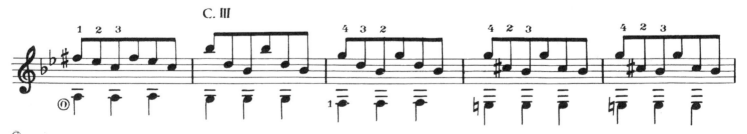

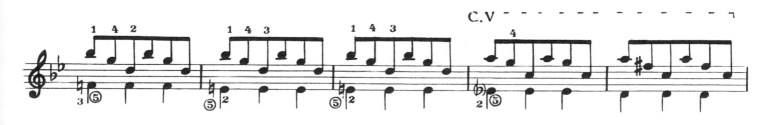

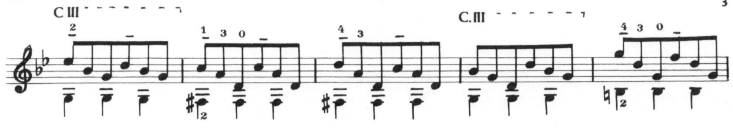

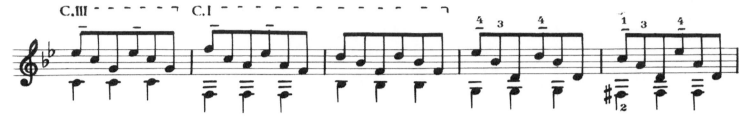

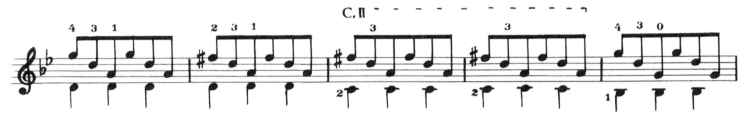

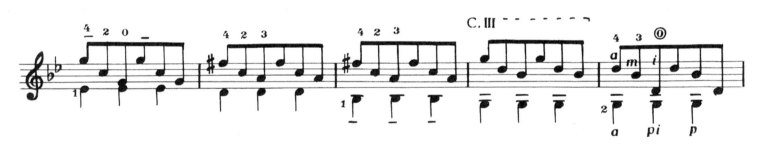

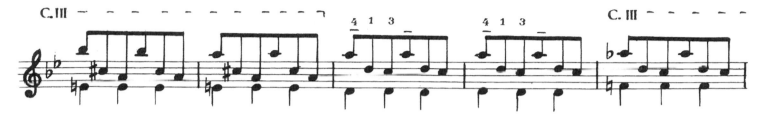

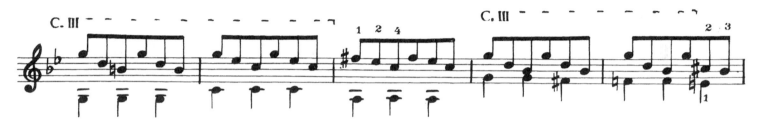

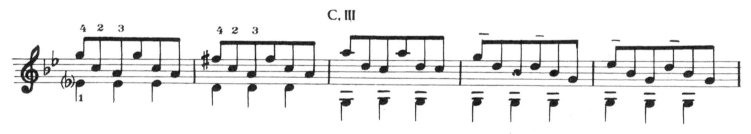

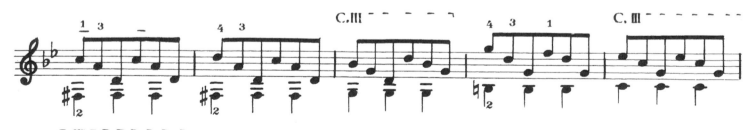